Tom bei den Piraten

Eine Geschichte von Christa Holtei
mit Bildern von Astrid Vohwinkel

CARLSEN

Besanmast
Großmast
Wanten
Segel
Achterdeck
Steuer-
ruder
Kapitäns-
kajüte
Luke
Mannschaftsräun
(Zwischendeck)
Ruder
Munition
Laderäume
Zimmermann

Tom Kidd ist sieben Jahre alt und lebt auf diesem Piratenschiff. Es ist ein großes Segelschiff mit drei Masten.

Heute Morgen döst Tom noch ein bisschen in seiner Hängematte. Die Sonne steht am Himmel und eigentlich muss er aufstehen. Vor einem Jahr hat er sich auf das Schiff geschmuggelt, weil er Seefahrer werden wollte. Aber er ist bei Piraten gelandet! Es war überhaupt kein Handelsschiff, auf das er in der Nacht damals geklettert war. Was für ein Schreck! Aber auf jeden Fall ist auf einem Piratenschiff immer was los.

Bob mit dem Holzbein ist Toms Freund. Er nennt Tom immer „Maskottchen“. Bob meint nämlich, dass Tom ein Glücksbringer ist. Die Piraten haben viel mehr Beute gemacht, seit er an Bord ist.

„Nun steh schon auf, Maskottchen!“, sagt Bob. „Der Kapitän hat ziemlich schlechte Laune.“ Kein Wunder! Es gibt nichts mehr zu essen an Bord und die Mannschaft ist unzufrieden.

„Los, Deck schrubben!“, befiehlt der Kapitän Tom mürrisch.

Tom weiß inzwischen, warum
man das Deck schrubben muss.
Die Schiffsplanken trocknen sonst aus
und werden undicht. Aber es ist so
anstrengend mit leerem Magen!
Und dann muss Tom auch noch in
die Wanten hinauf. Er soll nach
Schiffen Ausschau halten.
Wie gut, dass ihm da oben nicht mehr
schlecht wird. Der Ausguck ist 20 m
hoch und schlingert hin und her.

Plötzlich werden Toms Augen immer größer. Da kommt ein großes Handelsschiff mit vollen Segeln auf sie zu! „Schiff in Sicht! Schiff in Sicht!“, schreit er aufgeregt und klettert wieder hinunter. Der Kapitän ruft den Piraten Befehle zu: „Drei Mann an die Kanonen! Haltet die Waffen bereit! Hisst die Piratenflagge!“
Das Handelsschiff kommt immer näher. Es kann nicht mehr entkommen.

„Maskottchen, gleich wird's hier gefährlich!", sagt Bob mit dem Holzbein und schiebt Tom vor sich her zur Luke auf dem Oberdeck. „Du gehst jetzt besser runter und wartest, bis alles vorbei ist."
Tom ist enttäuscht, aber auch ein bisschen froh. Wenn die Piraten kämpfen, ist nicht mit ihnen zu spaßen! Gehorsam klettert er hinunter.
Bob schließt die Luke über ihm.

Es ist ganz still auf dem Schiff. Plötzlich ruft der Kapitän: „Klar zum Entern!“, und dann ist der Teufel los. Tom hält es nicht aus und hebt die Luke ein bisschen hoch. Aber er sieht nur Beine. Die Piraten kämpfen barfuß, die anderen haben gute Schuhe.

Und da ist auch Bob mit dem Holzbein! Tom hört die Säbelklingen aufeinander schlagen. Und dann rollt eine Eisenkugel qualmend auf ihn zu. Puh! Eine Stinkbombe! Schnell verkriecht sich Tom unter Deck.

Endlich holt Bob mit dem Holzbein Tom wieder aus seinem Versteck. Das große Handelsschiff brennt und auch das Piratenschiff ist beschädigt. Große Stücke der Reling fehlen. Auf dem Achterdeck passt der Kapitän stolz auf eine große Geldtruhe voller Schätze auf. Und die Mannschaft bringt Vorratsfässer und Kleidung unter Deck. Das können sie alle gut gebrauchen!

Die Piraten segeln in eine Bucht, wo sie das Schiff gut verstecken können. Der Kapitän versammelt alle am Strand. Jetzt wird die Beute geteilt.
„Einen Anteil für euch, zwei Anteile für mich!“, sagt der Kapitän. „So steht es im Piratengesetz.“
Sogar Tom bekommt ein paar Münzen als Belohnung. Es sind spanische Golddublonen. Er hat schließlich das Schiff entdeckt!

Jetzt bessern die Piraten das Schiff aus. Sie sägen Hölzer für die Reling zurecht. Einer repariert ein dickes Tau. Tom hilft Bob beim Waffenputzen. Er sieht, wie Piet mit der Augenklappe Bobs Beuteanteil klauen will. Aber Bob ist schneller. Er hält ihm einfach eine Pistole unter die Nase. „Du willst wohl auf eine einsame Insel, was?“, fragt Bob. Piet legt alles kleinlaut wieder hin. Er weiß ja nicht, dass die Pistole gar nicht geladen ist!

Pistole
Enterbeil
Dolch
Säbel
Enterhaken

Abends sitzen alle um ein Feuer am Strand und feiern. Sie finden sich sehr schön mit der neuen Kleidung aus der Beute. Aus den Vorratsfässern holen sie Räucherwürste und Pökelfleisch. So was Leckeres haben sie lange nicht gegessen!
Der Kapitän hat ausnahmsweise ein Fässchen Rum spendiert. „Nicht für dich!", sagt Bob zu Tom. Er schlägt ihm eine Kokosnuss auf und Tom trinkt die süße Milch.

Das Feuer ist heruntergebrannt. Tom liegt auf dem warmen Sand und sieht in den weiten Sternenhimmel hinauf. Die anderen lachen und erzählen sich Geschichten. Aber Tom träumt davon, Kapitän auf einem großen Handelsschiff zu sein. Dann trägt er auch feine Kleidung. Und er lässt sich ganz bestimmt nicht von Piraten hereinlegen!